LES ILES DE LÉRINS.

A M. B. DE MONTLAUR, DIRECTEUR DE L'ART EN PROVINCE.

MONSIEUR LE DIRECTEUR,

Il y a quelque temps, une feuille parisienne, l'*Evè-nement*, a reproduit une note du *Nazionale* de Turin, portant que M. J.-F. Ligier, architecte français, venait de découvrir en Provence, dans l'île de Saint-Honorat, un autel à Neptune, sur l'une des faces duquel était l'inscription suivante :

NEPTVNO

.. ERATIA

... ONTANA.

Permettez-moi de relever, dans l'intérêt de la vérité, une des allégations que contient la note du *Nazionale* de Turin, et qui se retrouve dans le *Moniteur Universel* et dans le *Bulletin de la Société de l'Histoire de France* (1). A l'époque où nous vivons, époque active et chercheuse, chacun prétend avoir découvert quelque chose, qui une machine, qui un document historique

(1) Numéro de janvier 1850. — Le *Moniteur* et le *Bulletin* annoncent en outre que M. Ligier a découvert à Saint-Honorat des constructions phéniciennes et romaines, un temple de Jupiter, etc., voilà, certes, un bien habile homme !

inédit, qui un élément chimique, qui une forme sociale destinée à assurer le bonheur de l'humanité. Découvrir une inscription romaine, voilà une bien petite affaire, et qui mériterait à peine, à ce qu'il semble, que le nom de l'auteur courût le monde, répété par les mille voix de la presse ; mais encore, pour obtenir cette gloire, faudrait-il avoir découvert une inscription.

Or, l'autel à Neptune que le *Nazionale* de Turin a signalé d'après notre compatriote, est depuis fort longtemps connu, copié, publié. Sans parler de la reproduction qu'on en trouve dans les manuscrits de Dupuy (vol. 667), conservés à la Bibliothèque nationale, je puis citer la publication qui en a été faite par le savant Honoré Bouche, dans deux endroits de son *Histoire de Provence*, tom. I, *chorogr.*, p. 56 et 288. Bouche, il est vrai, reproduisant, probablement sans vérification personnelle, une note inexacte qui lui avait été envoyée, a eu le tort de donner, comme venant d'Antibes, ce monument trouvé en réalité à Saint-Honorat ; mais, en revanche, l'inscription est rapportée dans son livre, ainsi que dans le manuscrit de Dupuy, d'une manière plus complète que dans la version de notre architecte :

NEPTVNO

VERATIA

MONTANA

Je pourrais, Monsieur le Directeur, indiquer d'autres éditeurs de ce monument (1), et ajouter quelques remarques sur le culte de Neptune dans la Provence et sur le nom de *Montanus*, dont les textes épigraphiques

(1) Entre autres, Peuchet et Chanlaire, *Statistique du Var*, p. 17 ; l'auteur de l'*Almanach du Var*, p. 66 ; Alliez, *Visite aux îles de Lérins*, p. 36.

des Alpes maritimes offrent de nombreux exemples (1).
Il me paraît plus à propos d'employer la place que vous
voulez bien m'accorder dans votre journal, à donner
des renseignements sur les autres inscriptions antiques
qui ont été trouvées dans l'île de Saint-Honorat.

Les îles de Lérins sont, comme chacun sait, situées
dans la Méditerranée, au-delà des îles d'Hyères (*Stœchades insulæ*), à peu de distance de la côte où s'élèvent
Antibes et Cannes. Les deux principales, d'inégale dimension, de forme allongée, étaient habitées à des épo-
ques fort lointaines (2), et faisaient probablement partie
du territoire des *Deciatii* (3). Les écrivains de l'anti-
quité désignent la plus grande d'entre elles (Sainte-
Marguerite), sous le nom de *Léron* (4) ; Strabon dit
qu'elle possédait un temple en l'honneur du héros
Léron, qui, sans doute, n'était qu'un chef de pirates
déifié par ses compagnons. La seconde île (Saint-Honorat), était appelée *Planasia* (5), à cause de sa surface
applatie, et *Lerina*, *Lirina* ou *Lerinus* (6). Elle

(1) Voy. mes *Inscriptions de Nice, de Cimies*, etc ; nos 7, 16, 17,
64, 69, 70.

(2) Strabon, liv. IV.

(3) Ptolémée, liv. II, c. 9, § 21.

(4) Strabon, liv. IV. — Ptolémée, liv. II, c. 9, § 21. — *Itinerar.
Antonini.* — Plin., *Hist. nat.*, liv. III, c. 5.

(5) Strabon, *loc. cit.* — Quelques auteurs ont prétendu que ce
fut le lieu d'exil, et plus tard le théâtre du meurtre du jeune Pos-
thumius Agrippa; mais d'Anville a montré qu'il s'agissait d'une autre
Planasia, près de l'île d'Elbe, connue aujourd'hui sous le nom
de *Pianossa*.

(6) Plin., *Hist. nat.* — *Itiner. Antonini.* — Saint Eucher, dans
son *De laude Eremi*, adressé à Saint Hilaire, dit : *Præcipuo tamen
Lirinam meam honore complector. — Tolosa regrediens, singula
sanctarum habitationum loca visitavit medianas insulas Stœchades,
ipsamque nutricem, summorum montium planam Lerinam adiit*

avait une source d'eau vive, tandis que Léron en manquait, et, si l'on en juge par la quantité de débris antiques, marbres, pierres taillées, fragments de briques dont elle est jonchée, elle a dû, plus que la grande île, attirer et retenir dans son enceinte les populations grecques ou romaines. Pline parle d'un oppidum appelé *Vergoanum*, qui y avait existé, et dont on se souvenait encore de son temps. (1).

Lérina occupe une place importante dans les annales du christianisme. A la fin du IV° siècle, Honoré ou Honorat, qu'on croit originaire de Toul, et qui fut depuis évêque d'Arles, y établit sa retraite et y forma, avec de pieux compagnons, une sorte de thébaïde. Sous la direction de ce chrétien fervent et dévoué, l'île se peupla d'anachorètes, dont plusieurs devinrent des saints et des martyrs. Son nom, donné à Lérina, est resté populaire dans la contrée. D'après la légende de sa vie, Honorat, comme Moïse, fit sortir d'un rocher cette fontaine d'eau douce qu'on admire dans l'île; il débarrassa le sol des nombreux serpents dont il était infesté, en y amenant par ses prières, l'invasion des eaux de la mer, et l'on montre encore, en face de la porte de l'église Majeure, le palmier sur lequel il monta pour échapper à l'inondation qu'il avait provoquée. Enfin, les pêcheurs des environs racontent la poétique histoire que voici :

Honorat avait une sœur nommée Marguerite, qu'il

(Ennodius. *Vie de Saint Epiphane). — Quantos illa insula plana miserit in cœlum montes.... Seu te, Lirinus, priscum complexa parentem est. (Sidon. Apollinar , Eucharistico ad Faustum Rejensem. — Sanctum Honoratum.... abbatem primæ habitationis in solo Lyrinensi. (Vita S. Lupi Trecensis;, etc.*

(1) *Hist. nat.*, liv. III, chap. 5.

aimait et dont il était tendrement aimé. Lorsqu'il se fut établi à Lérina, Marguerite vint, à son exemple, se fixer à Léron, pour prier loin du monde, et pour former à la piété des vierges chrétiennes. Ne pouvant pénétrer dans la chaste et sévère retraite de son frère, elle le recevait elle-même quelquefois dans son île, mais trop rarement au gré de ses désirs. Honorat cependant se reprochait de donner à ces visites, à ces joies humaines, à ces pensées du monde, un temps, un cœur qu'il ne devait consacrer qu'à Dieu. Un jour , il annonça à Marguerite que désormais il ne la verrait qu'une fois l'année , au moment où les cerisiers seraient en fleurs. La sainte fille, au désespoir, supplia en pleurant son frère de revenir sur sa résolution ; elle ne put le fléchir. Alors elle s'adressa à Dieu , et elle obtint par ses ardentes prières, qu'un cerisier planté sur le rivage de son île , en vue de Lérina, fleurirait tous les mois. Honorat reconnut dans ce prodige la volonté divine, et, chaque mois, étendant, comme le prophète Elie , son manteau sur les flots, il se frayait sur la mer une route solide , et allait converser avec Marguerite des choses du ciel.

L'abbaye fondée par Saint Honorat, (1) sanctifiée par ses vertus, acquit bientôt une grande réputation, et l'affluence des moines y devint considérable. A la fin du VIIe siècle , ils occupaient, outre l'île préférée de leur fondateur, celle de Sainte-Marguerite (c'est le nom que prit l'île de Léron), et plusieurs localités de la côte

(1) Saint Honorat mourut vers 430. — M....., dans sa *Statistique du Var,* dit qu'on conserve à Cannes un tombeau en bois qui en contient un en tôle , portant cette inscription en lettres gothiques coloriées: *Corpus sanctissimi Honorati, abbatis Lerinensis. episcopi Arelatensis, in hoc reconditur sacello, quod, si quis aperire præsumpserit, anni finem non videbit.*

voisine, et leur nombre s'élevait, dit-on, à plus de trois mille. Ils étaient encore cinq cent cinquante dans la première moitié du siècle suivant. Mais de cruelles épreuves étaient réservées au monastère de Saint-Honorat. La situation de l'île, dans une mer fréquentée par les pirates, sa petitesse, son isolement l'exposaient à toutes les attaques. En 731 les Sarrasins l'envahirent, massacrèrent un grand nombre de religieux, dévastèrent les églises et les autres bâtiments ; en 739, ils y descendirent une seconde fois et y firent de nouveaux ravages. En 1007, l'abbaye fut pillée et brûlée ; en 1400 elle tomba entre les mains d'une troupe de pirates Génois. Les Espagnols s'emparèrent, en 1635, de Saint-Honorat et de Sainte-Marguerite, et ruinèrent tous les jardins et les vignes; les Français reprirent ces deux îles en 1637. Après diverses vicissitudes, la conduite scandaleuse des moines amena, à la fin du XVIII⁰ siècle, la suppression de l'abbaye de Saint-Honorat; l'île abandonnée devint une propriété particulière, fut possédée par une actrice de la comédie française, Mademoiselle Sainval, puis par un boucher de Cannes.

Il y a quelques années, me trouvant à Nice, et par conséquent peu éloigné des îles de Lérins, j'ai voulu visiter ces lieux célèbres et pleins de souvenirs. Après m'être arrêté dans la petite et gracieuse ville de Cannes, qui conserve des restes importants d'un pont romain, je me procurai une barque qui, malgré une mer orageuse, me conduisit en peu de temps à la rive de l'Ile-Sainte-Marguerite. Rien de considérable ne rappelle aujourd'hui sur cette terre le temps où on y adorait le dieu Léron. Il paraît seulement qu'on y a découvert, il y a quelques années, une citerne antique. Le sol est aride; des myrtes, un bois de pins, un château fort, quelques autres constructions militaires, un édifice bizarre sur l'origine et la destination duquel les érudits ne sont point d'accord, en couvrent la plus grande partie. Le château est fameux pour avoir retenu, pendant plusieurs années, le mystérieux Masque-de-Fer (1). On ne manqua pas de me montrer la chambre du prisonnier : ses murs épais, son unique fenêtre garnie de trois fortes grilles, ses deux portes massives et puissamment armées de fer ; la cellule destinée au domestique ; le corridor étroit où s'accomplissait la promenade solitaire du maître et où il pouvait entendre la messe. Plusieurs autres personnages d'importance, entre autres le pamphlétaire Lagrange Chancel, furent enfermés ou exilés à l'Ile-Sainte-Marguerite. Je trouvai le château occupé par les prisonniers arabes de nos guerres d'Afrique.

Un étroit bras de mer, appelé *le Friou*, sépare Sainte-Marguerite de Saint-Honorat. Cette dernière île était jadis entourée d'une double rangée d'arbres, que les Espagnols, dans le temps de leur occupation, ont détruite afin de rendre leur défense plus facile. Il reste, pour s'abriter du soleil ardent de la Provence, une allée qui s'étend de la crique où l'on débarque, aux ruines du monastère de Saint-Honorat. En abordant, l'œil s'arrête tout d'abord sur un donjon, masse considérable et irrégulière, couronnée de machicoulis, qui baigne ses pieds dans la mer, et que protégent, du côté de terre, une muraille crénelée et un fossé. A ce château, dont les fondements furent jetés en 1083 sur des restes de constructions romaines, et qui était destiné à protéger les religieux contre les insultes du dehors, se lient les autres bâtiments du monastère. Ce sont l'église Majeure, dédiée à Saint Honorat, édifice d'une haute ancienneté, en

(1) Voyez une discussion sur l'homme au Masque-de-Fer, dans les *Curiosités biographiques* de M. Lud. Lalanne, p. 273 et suiv.

croix latine, à trois nefs soutenues par dix piliers, et dont l'abside à été détruite; un cloître formé de trois longues gal- "ies d'arceaux cintrés; diverses salles, un cimetière, ues cours, des corridors, etc. Il existe, en outre, dans l'île, plusieurs chapelles plus ou moins distantes, plus ou moins ruinées, et une grotte *(baoumo de l'abbat)*, où se retirèrent Eleuthère et Colomb, lors du massacre des moines par les Musulmans. Quelques paysans tiennent maintenant dans ces demeures silencieuses, la place des compagnons d'Honorat, d'Eucher et de Féréol. Une partie de l'église Majeure sert de maison d'habitation ; la chapelle Saint-Benoît est remplie de foin ; des ronces couvrent la cour du cloître témoin du martyre des religieux ; des pins, dont les vents ont apporté la semence, s'attachent aux pierres des voûtes entr'ouvertes, et mêlent aux ruines la jeunesse renaissante de leur verdure. Des monceaux de décombres, des fragments de bas-reliefs, des pierres tumulaires avec leurs inscriptions, des chapiteaux brisés jonchent le sol. C'est un spectacle plein d'amertume. La mer elle-même semble baigner avec tristesse ces rives désolées qui ne retentissent plus que du bruit des vagues frémissantes.

Ce n'est point ici le lieu de décrire les édifices de Saint-Honorat. Leurs formes, leurs dispositions principales ont été relatées par M. Mérimée, dans son *Voyage dans le Midi de la France*, et par M. l'abbé Alliez, dans sa *Visite aux îles de Lérins*. J'arrive aux monuments romains que renferme l'île de Saint-Honorat, auxquels on n'a pas donné, je crois, jusqu'ici, l'attention qu'ils méritent. Les divers étages dont se compose l'intérieur du donjon offrent d'élégantes galeries, dont les arcades ogivales portent sur six colonnes arrondies en marbre rouge ou en granit. Ces colonnes, pour la plupart, sont antiques ; une partie d'entr'elles a été brisée et gros-

sièrement réparée. Sur la troisième à droite en entrant,
on lit à grand'peine, car ces lettres sont fort dégradées,
l'inscription suivante :

IMP

FL

CONSTAN

TINO . . . .

AVG.

. . . .

. . . .

. . . .

. . . . . .

NEPOTI

DIVI CON

STANTIAVG

. . . .

Quelques mots seulement de cette inscription, qui se
rapporte à Constantin II, fils de Constantin-le-Grand,
ont été indiqués par M. Mérimée (*Voyage archéologique
dans le Midi de la France*, p. 262), par M. Alliez (*Visite aux îles de Lérins*, p. 35) par l'éditeur de *l'Almanach du Var* de 1817, p. 66, et par MM. Peuchet et
Chanlaire (*Statistique du Var*, p. 17).

Voici une autre inscription qui se trouve sur une
colonne de la même salle, et dont je donne le fac-simile,
sans avoir la prétention d'en faire connaître le sens :

VSSS

VOREC

NATT

Les deux pierres dont il vient d'être question, paraissent avoir été des bornes milliaires. Elles donnent lieu à une question qui s'applique à tous les monuments épigraphiques découverts à Saint-Honorat : ces monuments proviennent-ils de l'île elle-même, ou ont-ils été apportés, comme matériaux, de la côte continentale voisine, lors de la construction du monastère de Lérins? Il est certain que des villages étaient établis à Léron et à Lérina, au temps de Strabon, dont j'ai cité le témoignage ; plus tard, à l'époque où vivait Pline l'ancien, il y avait encore des habitants à Lérina, et ces habitants se souvenaient d'une ville forte, alors détruite, qui avait existé jadis sur leur territoire. J'ai annoncé, d'ailleurs, qu'on y rencontrait des fragments épars de pierres et de briques, qui y attestent le séjour d'une population romaine. Ainsi, il y a lieu d'admettre d'une manière générale, que les inscriptions antiques trouvées à St.-Honorat, peuvent se rapporter à des faits particuliers à cette île; mais les bornes milliaires, dont je viens de parler, ont-elles dû y être primitivement placées, c'est ce qui reste douteux.

A l'un des côtés de la porte de l'église Majeure, dont j'ai dit quelques mots, s'élève une colonne de porphyre (M. Mérimée dit de marbre rouge), brisée par le milieu; la base est en marbre blanc, et le chapiteau, d'une sculpture romane très-ancienne, en pierre noirâtre. Le fût paraît avoir appartenu à un édifice romain. La colonne, qu'on avait placée à l'autre côté de la porte, fut enlevée pour décorer une des places publiques d'Antibes. Envoyée à Marseille, où elle devait recevoir quelques modifications, elle est restée définitivement dans cette ville.

Dans l'église même, est une pierre, sur laquelle se lisent ces mots gravés en caractères de grande dimension :

ERIUS. FEROX. SIBI. ET

SVIS. V. F.

Cette inscription a été publiée par M. Alliez (*Visite,* etc., p. 57). Bouche l'a donnée (*Histoire de Provence,* tom. I, *chorograph.*, p. 288), comme provenant d'Antibes, et en l'unissant à celle de *Veratia Montana* :

NEPTVNO VERATIA MONTANA

DEXIDERIVS FEROX SIBI ET SVIS

On en trouve aussi une leçon dans le manuscrit de Dupuy, que j'ai signalé plus haut :

INCOMPARABI

LIS. DESIDERIVS

FEROX SIBI ET

SVIS.

Il ne parait pas que le mot *incomparabilis* ait pu entrer dans l'inscription tumulaire dont il s'agit. D'une part, la grandeur probable de la pierre, et la position de *suis v. f.* ne le comporte pas ; en second lieu, la qualification qu'il exprime, appliquée par un individu à sa propre personne, est trop étrange, pour qu'à défaut du monument original, on puisse en admettre l'existence. Selon toute probabilité, ce mot appartenait à une autre inscription de Lérins, et a été ajouté par mégarde, comme ceux de *Neptuno veratia montana*, dans la version de Bouche. Ce qui appuie cette conjecture, c'est que, au dire de M. Alliez (*Visite*, etc., p. 62), une pierre brisée à l'un des pilastres de la triple galerie du cloître, porte :

       . . . . **INCOMPARABILI**

suivi d'un cœur. Du reste, on doit conclure des textes donnés par Bouche et par Dupuy, que le nom dont il ne reste plus qu'une portion était, non point *Valerius*, comme on l'imaginerait d'abord, mais *Desiderius* ou *Dexiderius*.

Dans une chapelle du transsept gauche de l'église dédiée à St. Honorat, au fond, on rencontre une grosse pierre en forme d'autel, sur l'une des faces de laquelle sont gravés les mots suivants :

COLLEGIO

VTRICVLAR

C. IVLIVS

CATVLINVS

DON POS

Cette inscription, que l'on trouve reproduite dans le manuscrit cité de Dupuy, comme venant de Lérins, a été plusieurs fois publiée. Elle figure dans la *Chorographie* de Bouche, *Histoire de Provence*, t. I, p. 288, dans les *Miscellanea* de Spon, p. 61, dans le recueil de Donati, 237, 4, dans l'*Histoire générale de Provence* de Papon, p. 12, dans la *Statistique du Var*, de M...., p. 258, et dans tous ces ouvrages elle est attribuée à Antibes. M. Alliez la donne aussi, mais d'une manière incomplète, dans sa *Visite aux îles de Lérins*, p. 60.

Il y est fait mention d'un collége d'Utriculaires, corporation industrielle, dont la destination a plusieurs fois exercé la sagacité des érudits. Les recueils de Gruter, de Muratori, de Reinesius, etc., contiennent plusieurs textes épigraphiques où figurent des colléges d'Utriculaires. Bouche, en rapportant l'inscription dont on vient de lire le texte, dit que le mot utriculaires signifie, ou les conducteurs des eaux, ou ceux qui jouent de la cornemuse. Il croit qu'il s'agit ici de ce dernier sens, et rapprochant la pierre de St.-Honorat, qu'il attribue, comme je l'ai dit, à Antibes, d'une autre pierre où il est question d'un jeune danseur fort goûté dans cette ville (*D. M. pueri septentrionis qui.... Antipolin biduo saltavit et placuit*), il conclut que jadis on aimait fort à danser à Antibes. Papon est plus acceptable dans ses explications : « Les « Utriculaires, dit cet écrivain, étaient des bateliers « qui se servaient de véritables outres au lieu de bar-« ques ; c'est de là qu'ils tiraient leur nom, pour se dis-« tinguer des autres bateliers. Il y en avait en Provence, « dans presque toutes les villes situées près de la mer « ou des rivières. Ces bateaux n'étaient ordinairement « qu'un assemblage de deux ou plusieurs outres, enflées « ou remplies de paille, sur lesquelles on assujétissait « des planches ou des perches, pour en former des es-« pèces de radeaux. Peut-être aussi cousait-on ensem-« ble plusieurs peaux, dont on faisait des barques sem-« blables à celles des Canadiens. Leur légèreté les ren-« dait très-propres à la navigation, sur les rivières dont « le lit est inégal, comme celui de la Durance. »

On connaît plusieurs inscriptions trouvées à Arles, à Nîmes, à Lyon, où sont accolés les noms d'*utricularii* et de *naulæ*, et où il est question de la navigation de la Saône, du Rhône, de la Durance, etc (1).

(1) Gruter, 428, 10 ; 448, 5 ; 483, 1 ; 547, 8 ; 649, 7. — Reinesius, *epist.*, p. 329. — Spon, *Recherches des antiquités et curiosités de la ville de Lyon* (1673, in-12.) p. 99 et suivantes.

Gruter et Papon en ont cité une, trouvée à Arles , dans laquelle est nommé un *patronus nautarum druenticorum et utriculariorum* (1). Enfin, on a découvert à Cavaillon, une sorte de médaillon ou plaque en bronze, muni d'un anneau et offrant d'un côté une outre enflée, d'un haut relief, et de l'autre ces mots gravés en creux :

COLLE

VTRI. CAB

L. VALER

SVCCES

Ce monument, qui appartient aujourd'hui au cabinet des médailles de la bibliothèque nationale, et qui paraît avoir eu un usage analogue à celui des plaques ou médailles de nos portefaix, a été l'objet, de la part du savant Calvet , d'une dissertation intitulée : *Dissertation sur un monument singulier des Utriculaires de Cavaillon*, 1766, in-8°.

L'observation faite plus haut à l'occasion des bornes milliaires de Saint-Honorat , se reproduit spécialement ici à propos de la corporation des Utriculaires. La pierre sur laquelle leur nom figure a-t-elle été gravée à Lérina ou pour des habitants de cette île ? On comprend sans peine que les espèces de radeaux que conduisaient les Utriculaires aient pu servir pour naviguer sur les rivières et sur les fleuves ; mais étaient-ils capables de supporter la mer et d'y recevoir une direction régulière? Voilà ce que l'on se demande, même après la déclaration de Papon qu'il y avait des confréries d'Utriculaires dans presque toutes les villes de la Provence situées *près de la mer ou des rivières*. S'il est bien réel qu'il y en

(1) Gruter, 413, 4; — Papon, *Hist. gén. de Provence*, t. 1, p. 39.

ait eu une à Lérina, ne pourrait-on pas supposer, ou que le nom d'*Utricularii* y désigne une sorte de bureau de correspondance communiquant par des bateaux avec l'embouchure voisine de quelque fleuve ; ou que ce nom, par extension et par la suite des temps, s'est appliqué à toute espèce de bateaux ? Spon, dans ses *Recherches des antiquités de Lyon*, page 100, dit que les bateaux des Utriculaires, *uter* ou *utriculus*, étaient de petits bateaux à ventre large qui pouvaient ressembler à une cornemuse.

Le surnom de *Catullinus*, qui fait partie de l'inscription relative aux Utriculaires de Saint-Honorat, n'est pas très-commun. Néanmoins, Gruter en fournit un exemple dans son recueil, page 898, n° 13. On en trouve un autre dans les *Recherches des antiquités de Lyon*, par Spon, page 137. De plus, un certain *T. Quartinius Catullinus*, et sa sœur *Quartinia Catullina*, sont mentionnés dans une inscription provenant de Castellane en Provence, que j'ai reproduite, d'après Papon, dans mes *Inscriptions de Nice, de Cimiez*, etc., page 62.

Pour ne rien oublier de ce qui se rapporte aux inscriptions antiques de Saint-Honorat, je citerai un passage de M. Alliez (*Visite*, etc. p. 36), qui dit, à propos et en preuve du séjour des Romains à Lérins: « On voit
« à Auribeau (canton de Grasse), un bassin en cuivre
« de 40 centimètres de diamètre, ayant au centre une
« tête parfaitement conservée autour de laquelle on
« lit :

MARCV TVLIVS CICERO §. COS.

« Ce bassin fut donné à l'église par M. de Prunières,
« évêque de Grasse, dernier abbé commendataire de
« Lérins, et seigneur temporel d'Auribeau. La tradition

« du lieu est que ce bassin vient de Lérins. » J'ajoute que je n'ai point vu ce monument, et que je fais toutes réserves quant à son origine romaine.

Voilà tout ce que j'ai pu découvrir, M. le directeur, au sujet de la population romaine de l'île Saint-Honorat. D'autres se sont occupés ou s'occuperont de l'histoire de cette île devenue chrétienne, de la splendeur de son monastère, des maux qu'il a soufferts, des hommes remarquables qu'il a possédés. Je n'entrerai point dans ce sujet trop vaste ; je vous demanderai seulement la permission de rapporter ici une très-belle inscription chrétienne que j'ai copiée à Saint-Honorat, et qui parait appartenir au XII siècle de nôtre ère. La pierre sur laquelle elle est gravée, se trouve dans la galerie donnant au Sud-Est, qu'on regarde comme ayant servi de réfectoire. Au milieu de cette galerie, entre deux fenêtres, était un lavoir aujourd'hui renversé ; l'inscription dont il s'agit, attachée au-dessus, est restée en place. Elle se compose de deux vers léonins, écrits sur une seule ligne, en lettres conjointes, capitales romaines ou autres, fort difficiles à déchiffrer. Voici la lecture que j'en propose, et qui s'accorde bien avec la position qu'elle occupe :

CHRISTE TUA DEXTRA QUE MUNDAT ET INTUS ET EXTRA CENOBIUM MUNDA MUNDARE QUOD HEC NEQUIT UNDA.

Agréez, je vous prie, M. le Directeur, etc.

F. BOURQUELOT.

MOULINS, TYP. DE P.-A. DESROSIERS.

www.ingramcontent.com/pod-product-compliance
Lightning Source LLC
LaVergne TN
LVHW021508060726
842527LV00006B/2519